Franz Ferstl

Mein Weg in deinen Händen

FRANZ FERSTL

Mein Weg in deinen Händen

PILGERGEBETE

TYROLIA-VERLAG · INNSBRUCK-WIEN

Abbildungen:
Vor- und Nachsatz: fotolia © schibilla
S. 8–9: fotolia © Zlatan Durakovic
S. 14–15: © Andreas Drouve
S. 28–29: fotolia © uzkiland
S. 40–41: fotolia © PANORAMO
S. 52–53: fotolia © anerix
S. 62–63: © Silvia Steinbach
S. 80–81: © Franz Ferstl
S. 88–89: fotolia © jiber69
Titelbild und S. 104–105: fotolia © koenig
Promenade à la chapelle de Tous-Les-Saints

Mitglied der Verlagsgruppe „engagement“

Bibliografische Information der Deutschen Nationalbibliothek
Die Deutsche Nationalbibliothek verzeichnet diese Publikation in der Deutschen Nationalbibliografie; detaillierte bibliografische Daten sind im Internet über http://dnb.d-nb.de abrufbar.

2015

Umschlaggestaltung, Layout und digitale Gestaltung:
Tyrolia-Verlag
Druck und Bindung: FINIDR, Tschechien
ISBN 978-3-7022-3428-7
E-Mail: buchverlag@tyrolia.at
Internet: www.tyrolia-verlag.at

INHALT

Vorwort

Der Mensch ist und bleibt bis zum letzten Atemzug ein Pilger auf dieser Erde, ein „homo viator". Das Gebet ist die Speise, die Stärkung auf dieser Reise. Jeder Mensch ist auf der Suche nach dem Selbst im Prozess seines Menschwerdens. Wenn das Bewusstwerden des Lebens mit Staunen und mit Dankbarkeit verbunden ist, weil es mich lehrt, dass das Leben als Geschenk wahrgenommen und angenommen werden kann, ist das bereits ein Gebet. Wenn wir alles, was wir auf unserem Weg erleben, in Dankbarkeit annehmen und im Licht der Hoffnung betrachten, werden uns die weiteren Schritte zum Segen.
Pilger bleiben nicht lange allein, auch wenn sie allein aufbrechen, um zu sich selbst zu finden. Der Mensch wird auf diesem Weg sich selbst begegnen, aber auch dem, der zu seinem Herzen spricht. Der Weg wird zu einem Dialog mit dem, der ihn in der Stille seiner Gegenwart begleitet und die Sehnsüchte seines Herzens kennt. Das Zusammenspiel von Hören und Antworten besteht aus Empfangen und Geben. So verwandelt sich der Weg in ein Gebet.

Damit das Gebet am Weg zur Stärkung werden kann, braucht es geistliche Impulse und Offenheit dafür, wohin der Geist uns führen will. Die Antwort wird uns am Weg geschenkt:

> „*Brecht auf ohne vorgezeichneten Weg, ihn zu entdecken, denn wisst: man trifft ihn unterwegs und nicht am Ziel.*“ (Madeleine Delbrêl)

AUFBRUCH

Mit der Sonne auf Augenhöhe

Noch ist es dunkel,
wenn wir uns auf den Weg machen,
doch bald schon durchbrechen
die ersten Sonnenstrahlen die Starre der Nacht.
Unser Weg verlässt das Tal und strebt der Höhe zu.
Nur die Vögel geben ihr Konzert,
sie besingen das Ende der Dunkelheit
und den Anbruch des Tages.
Es ist, als hätten sie eine große Schar von Zuhörern,
die ihrem Gesang lauschen.
Wir werden Zeugen des anbrechenden Tages.
Alles, was auf Augenhöhe mit uns ist,
wird mit Licht erfüllt, ruft zum Leben
und bringt es zum Leuchten.

Beim Aufwachen

Ich lebe, ein neuer Tag ist mir geschenkt.
Ich bin derselbe Mensch wie gestern Abend
und doch neu geboren aus der Ruhe des Schlafes.
Ich kann dort an die Gedanken anknüpfen,
wo ich gestern keine Lösung gefunden habe.
Mit dem inneren Auge sehe ich jetzt schon,
was heute auf mich zukommen wird.
Ich weiß mich hineingestellt ins Leben,
um die nächsten Schritte zu tun.
Ich vertraue meinem Körper,
dass er mir das ermöglicht,
was die heutigen Herausforderungen an Kraft
und Leben brauchen.
Ich danke dem Schöpfer,
dass er mir die Möglichkeit gibt,
mein Leben zu füllen, und bitte um seine Weisheit,
damit der neue Tag ein lebenswerter werde.
Danke, lebenspendender und begleitender Gott,
für den neuen Tag!

Schon am Morgen halte ich Ausschau nach dir,
um deine Macht und Herrlichkeit zu sehen.
Ja, mein Gott, dich suche ich
in meinen Gedanken am Weg, in den Worten,
die zu mir gesprochen werden,
in den Antworten,
die ich auf mein Suchen bekomme.
Letztlich ist meine Sehnsucht nicht irgendetwas,
auch nicht nur eine Erfahrung,
sondern ich suche dich, den Menschenfreund,
den liebenden Gott.
Ja, ich will dir danken für mein Leben und alles,
was ich vermag, was mich ausmacht
und was mir die Freude des Lebens gibt.
Liebender Gott, der mir den Atem gegeben
und mich ins Sein gerufen hat,
für dich will ich leben und dich durch meine
Gedanken und mein Unterwegssein preisen.

Lehre uns, Herr, deine Wege zu gehen

Gott will uns seine Pfade kundtun
und lässt uns seine Führung erfahren.
Er zeigt uns seine Wege
durch dick und dünn,
durch Täler und über Berge,
durch Schluchten und Höhen.
Er lässt uns dabei nicht allein,
sondern sendet seine Boten und Begleiter,
er ist uns immer nahe und trägt uns,
wenn wir nicht mehr weiterwissen.
So lehrt er uns Vertrauen und
zeigt uns seine Barmherzigkeit.

UNTERWEGS

Die Straßen des Lebens

Unterwegs sein,
auf dem Weg bleiben,
immer unterwegs sein,
gangbare Wege suchen,
neue Wege gehen,
Weggefährten suchen,
Menschen, die ein Stück mitgehen
und Gott an ihrer Seite wissen.

Ein Pilger bin ich auf Erden

Jeden Tag neu aufgebrochen, um ein Stück Leben
anzunehmen und zu gestalten.
Ein Pilger, der sich selbst als Aufgabe
mitbekommen hat.
Ein Suchender, der sich geführt weiß
von einer unsichtbaren Hand.
Ein Mensch, der vieles zurücklassen muss,
um im Heute zu leben.
Ein Hoffender, der nur die Weisung
seiner Bestimmung mitbekommen hat.
Ein Liebender, der nur sich selbst
zu verschenken hat.
Ein Vorübergehender, der nur seine Lebensspur
auf dieser Erde zurücklässt.
Ein Pilger, dem bewusst ist,
dass er noch einen langen Weg vor sich hat.
Aber auch ein Pilger, der weiß, dass sein Weg
nicht sinnlos ist, wenn du, Herr, mitgehst.

Entlang des Weges

Herr, du schenkst mir den Blick der Aufmerksamkeit, um die Blumen entlang des Weges zu beachten,
den Strauch voller Blüten,
der eine Botschaft für mich hat,
den Vogel, der aufgescheucht davonfliegt,
den Regenwurm, der den Weg in die Sicherheit sucht,
den Käfer, der seine Flügel ausbreitet und davonfliegt.
Ich trete mit jedem Schritt in ihre Lebenswelt ein, als Wesen, das sich seinen Weg durch die Natur bahnt und dessen Gedanken für sie verborgen bleiben, als ein Wesen, dem Gott diese vielfältige Welt anvertraut hat.

Weglitanei

Du Gott des Aufbruches –
danke für den Mut.
Du Gott der holprigen Wege –
lenke unsere Schritte.
Du Gott der verschlungenen Steige –
zeig uns unser Ziel.
Du Gott der endlosen Pfade –
gib uns Kraft zum Durchhalten.
Du Gott der schnurgeraden Straßen –
schick uns eine Wolke als Schatten.
Du Gott der Wasserpfützen –
gibt uns dichte Schuhe.
Du Gott der aufziehenden Gewitter –
lass uns einen Unterstand finden.
Du Gott der Suchenden –
schenke uns sinnstiftende Gesprächspartner.
Du Gott der vor sich selbst Flüchtenden –
schenke uns Einsicht und Umkehr.
Du Gott der Pilger am Jakobsweg –
zeig uns den Weg nach innen.
Du Gott der zielführenden Wege –
lass uns dir vertrauen.
Du Gott der Ruhelosen –
sei du uns Weg und Wahrheit.

Du Gott derer, die sich selbst aufgeben wollen –
gib du ihnen ein lebenswertes Ziel.
Du Gott derer, die sich auf einen schweren Weg einlassen – *stärke ihre Sehnsucht.*
Du Gott der vielen Umwege –
sei du uns Orientierung.
Du Gott der Sackgassen –
gibt uns Kraft zur Neuausrichtung.
Du Gott der unerfüllten Wege –
lass uns unser Ziel in dir finden.

Wir sind unterwegs

Unterwegs mit Mitmenschen, um dich zu suchen.
Dich, Herr, loben und preisen wir.
Unterwegs mit unseren Anliegen, die wir vor dich hintragen. *Dich, Herr …*
Unterwegs mit müden Füßen, um unser Pilgerziel zu erreichen. *Dich, Herr …*
Unterwegs, um Freud und Leid auf dem Weg miteinander zu teilen. *Dich, Herr …*
Unterwegs, um uns selbst zu fragen, ob wir die richtigen Wege gehen. *Dich, Herr …*
Unterwegs, um Antworten zu finden, wie wir deinen Willen erfüllen können. *Dich, Herr …*
Unterwegs mit den mitgebrachten Bitten, um Erhörung zu finden. *Dich, Herr …*
Unterwegs in der Hoffnung, dass gemeinsames Beten Erfüllung findet. *Dich, Herr …*
Unterwegs mit brennendem Herzen und wissend, dass Jesus mitgeht. *Dich, Herr …*
Unterwegs, um am Ziel angekommen
die Begegnung mit Jesus im Brotbrechen zu feiern.
Dich, Herr …

Füße, die uns tragen

Sie verbinden uns mit der Erde
und sind doch nicht fest verwurzelt.
Sie lassen uns aufrecht gehen
und doch nicht in den Himmel wachsen.
Sie lassen uns vorwärts schreiten,
aber auch, wenn notwendig,
einen Schritt zurück machen.
Sie lassen uns auf ein Ziel zugehen
und auf der Strecke bleiben.
Sie schaffen die Möglichkeit, uns Menschen zu nähern,
aber auch uns wieder zu entfernen.
Sie lehren uns, auf unsere Schritte zu achten, und
helfen uns beim Wiederaufstehen.
Sie geben uns im Leben einen festen Stand,
um auch einen anderen Standort einzunehmen.
Sie werden uns zur Verfügung stehen,
bis wir von dieser Erde abgeholt werden.
Um barfuß unserem Schöpfer zu begegnen,
um ihm für unsere Füße zu danken.

Sie haben ein Gotteshaus gebaut,
doch es ist nun leer und verschlossen.
Die Gotteshäuser stehen mitten im Dorf,
aber keiner schließt sie auf, nichts belebt sie.
Sie sind Erinnerungsstücke an unsere Vorfahren.
Hingestellt und gebaut auf sicherem, tragenden
Grund.
Gott wollte in ihrer Mitte wohnen
und mit ihnen die Feste des Lebens,
von der Geburt bis zum Tod feiern.
Kein Priester feiert mehr die Messe,
sie sind nur mehr Zeichen aus vergangener Zeit.
Pilger suchen für ihr Morgenlob
einen Ort der Einkehr und des Gebetes
und stehen vor verschlossenen Türen.
Öffnet sie für die vielen Suchenden,
die unterwegs sind,
für die Pilger, die Rast suchen, um gestärkt
weiterzuziehen.

Jesus – Weg, Wahrheit, Leben

Jesus, **du Weg**, der uns zum Vater führt.
Jesus, du unser Weg.
Du Weg, der uns die wahre Liebe erahnen lässt.
Jesus …
Du Weg, der unsere Irrwege zu Heilswegen macht.
Jesus …
Du Weg, der die Armen sucht und sie aus ihrer Not herausführt. *Jesus …*
Du Weg, der die Verlorenen zum Heil führt.
Jesus …
Du Weg, der vom Tod zum Leben überleitet.
Jesus …

Jesus, **du Wahrheit**, die uns den Schein vom Wahren unterscheiden lässt. *Jesus, du unsere Wahrheit.*
Du Wahrheit, die uns in die ewige Weisheit einführt. *Jesus …*
Du Wahrheit, die uns vom Denken zum Handeln leiten will. *Jesus …*
Du Wahrheit, die uns aus der Dunkelheit ans Licht führen will. *Jesus …*
Du Wahrheit, die nicht richtet, sondern rettet.
Jesus …

Du Wahrheit, die Gottes Liebe und Barmherzigkeit heißt. *Jesus …*

Jesus, **du Leben,** das unserem Leben Sinn und Tiefe geben kann. *Jesus, du unser Leben.*
Du Leben, das der Ursprung unseres Lebens ist.
Jesus …
Du Leben, das uns den wahren Wert des Lebens aufzeigt. *Jesus …*
Du Leben, das uns die Angst vor dem Tod nimmt.
Jesus …
Du Leben, das uns mit Leben ansteckt.
Jesus …
Du Leben derer, die selbst den Weg nicht finden.
Jesus …
Du Leben derer, die am Weg verloren gehen.
Jesus …
Du Leben derer, die das Leben gering achten.
Jesus …
Du Leben derer, die sich selbst aufgeben.
Jesus …
Du Leben derer, die dich ablehnen,
Jesus …
die du mit Liebe zum Leben beschenken willst.
Jesus …

Leben heißt kreativ sein

Überraschend wie die Natur
gestalterisch wie die Kunst
klangvoll wie die Musik
spontan wie die Kinder
überwältigend wie der Glaube
strahlend wie die Sonne
belebend wie ein warmer Regen
schmelzend wie das Eis
kreativ wie die Liebenden –
so lässt sich's leben und in die Zukunft schauen.

Lasst uns weiterziehen

Um uns bewusst zu werden, dass wir Menschen
hier auf der Welt keine ewige Bleibe haben,
lasst uns aufbrechen und als Pilger unterwegs sein.
Wir wollen uns eingestehen,
dass wir Menschen vergänglich sind.
Lasst uns aufbrechen, die Welt zu erkunden,
damit wir Zeichen setzen,
dass wir Menschen uns gegenseitig geschenkt sind.
Lasst uns der Sehnsucht nach Weite folgen,
um Hoffnung zu säen, wo der Raum eng
und die Grenzen der eigenen Kräfte spürbar
werden.
Getragen durch die Sehnsucht,
lasst uns nach neuen Wegen suchen,
nach einer Welt,
die für alle lebenswert ist, weil alle daran glauben,
dass, was die Erde hervorbringt, für alle reicht.

ORIENTIERUNG

Herr, sei meinem Fuß eine Leuchte,
wenn es dunkel ist, der Weg schwierig
und der nächste Schritt unsicher,
wenn es nicht ausgetretene Wege sind,
sondern verschlungene Pfade, die wir gehen,
wenn die Spuren verwischt sind
und Orientierungslosigkeit sich breitmacht,
wenn durch Nebel und Dunkelheit
die Sicht auf das Ziel verborgen bleibt.
Sei du unsere Leuchte, wenn uns Hilflosigkeit und
Ohnmacht umgeben und wir nicht weiterwissen.
Sei du es, der uns hält und trägt,
wenn der Boden unter den Füßen schwindet,
wenn wir das Ziel verlieren,
sei du es, der unser Vertrauen stärkt.
Sei du es, der uns aufrichtet,
wenn es kein Zurück gibt,
wenn die eigenen Kräfte zu Ende gehen
und das Ziel im Dunkel bleibt,
wenn wir die Härte des Bodens spüren
und die Kraft abnimmt,
wenn wir nichts haben,
woran wir uns festhalten können,
wenn wir niemanden haben,
dem wir unsere Not anvertrauen können,

wenn sonst nichts trägt als deine Zusage:
„Ich habe dich in meine Hand geschrieben –
mein bist du!“
Dann *sei du der, der uns aufrichtet.*

Selig die Pilger am Jakobsweg,
die aufgebrochen sind,
um sich selbst besser kennen zu lernen.
Die sich auf den Weg machten,
um die Welt mit ihren Füßen neu zu entdecken.
Die sich auf ein Abenteuer einließen,
um dem auf der Spur zu sein, was aus ihnen
werden will.
Die nicht nur stolz auf ihre Erfahrungen
zurückblicken,
sondern eingestiegen sind in den Lebensfluss,
der sie mit neuen Augen und mit wachen Herzen
das Leben vom anderen Ufer aus neu entdecken
lässt.

Perspektivenwechsel

Ich will mich auf den Weg machen,
von meiner Selbstschau zur Gottesgegenwart,
von meiner eingeschränkten Sicht zum Blick,
den er mir schenken will,
von dem, wo ich stehe, zu dem, was er aus mir
machen will,
von dem, wo ich festgewurzelt bin, zu dem Neuen,
das er mir zeigen will,
von dem, wo ich nur meinen Nutzen sehe, zu dem,
was das menschliche Dasein ausmacht,
von dem, wo ich zu versinken drohe, zu dem,
was mich auffängt,
von dem Punkt, wo ich mich allem ausgeliefert
erlebe, zu dem, wo er mir göttliche Würde verleiht,
von dem Punkt, wo ich mich herumschlage,
zu der Geborgenheit, die er mich erfahren lässt,
von der Not, die mein Herz quält,
zu dem Bewusstsein,
dass er mich und mein Leben in seine Hand
geschrieben hat.

Selig der Mensch, der Kraft findet in dir

Selig der Mensch, der nicht nur auf sich selbst baut,
der auf der Suche nach Hilfe und Rat
den Schöpfer entdeckt.
Selig der Wanderer, der vorher überlegt
und Kräfte sammelt,
bevor er aufbricht und beim ersten größeren
Hindernis aufgeben muss.
Selig der Sportler, der sich einem langen Training
unterwirft, damit er seinen Körper mit der
nächsten Stufe seiner Leistung nicht überfordert.
Selig der Pilger, der aufbricht und seine
körperlichen und seelischen Kräfte einsetzt,
um sich selbst und seinen Weg vor Gott in den
Blick zu nehmen.

Blickt auf zum Herrn

Wir laufen oft mit langen Gesichtern und traurigen Blicken herum und sind mit eigenen Sorgen beschäftigt, so ist unser Herz verbittert und traurig. Du willst, dass wir aufschauen und unseren Blick auf dich richten, damit du uns Ansehen und Würde schenken kannst.
Du willst unser Herz mit dem füllen,
was unser Gesicht zum Leuchten bringt.
Du willst unseren Geist beleben und froh machen, damit wir nicht vom Alltagskram gelähmt werden. Du willst, dass wir auf dich blicken, damit du uns das schenken kannst, was uns zu glücklichen und strahlenden Menschen macht.
Herr, lass mich deine Einladung annehmen und mein Innerstes öffnen, damit du in mein Herz hineinleuchten und mich froh machen kannst.
Ich vertraue dir, meinem Erlöser, denn du kannst mir durch deinen Blick Freude schenken
und mich von innen her verwandeln.

Herr, zeig mir den Weg

Leite mich auf den Weg, der zum Leben führt:
auf den Weg des Vertrauens, der mich deine Geborgenheit erfahren lässt;
Heiliger Geist, leite mich.
auf den Weg der Wahrheit, der Licht und ein neues Leben bringt;
Heiliger Geist …
auf den Weg der Treue, der Erfüllung und Frieden schenkt;
Heiliger Geist …
auf den Weg der Demut, der reiche Früchte der Lebensfreude bringt;
Heiliger Geist …
auf den Weg der Hingabe, der göttliches Leben in sich birgt.
Heiliger Geist …

Zeige auf den Weg, der ins Unheil führt:
den falschen Weg in eine Sackgasse;
Heiliger Geist, hilf mir umzukehren.
den verführerischen Weg der Verblendung;
Heiliger Geist …
den gefährlichen Weg der Unwahrheit;

Heiliger Geist …
den breiten Weg des Irrtums;
Heiliger Geist …
den undurchsichtigen Weg der Unzufriedenheit;
Heiliger Geist …
den menschenunwürdigen Weg der Verleumdung;
Heiliger Geist …
den folgenschweren Weg der Selbstzerstörung;
Heiliger Geist …
den unheilvollen Weg der Ausbeutung anderer.
Heiliger Geist …

Lerne von der Musik

Jeder Ton muss erst erfüllt werden mit Klang;
jede Note wird erst lebendig,
wenn sie im passenden Augenblick erklingt;
jede Melodie wird erst zum Lied,
wenn sie eine Geschichte erzählt;
jedes Instrument braucht einen Musiker,
der das wiedergibt, was in ihm steckt;
jedes Orchester braucht mehrere Instrumente,
damit es ein Klangkörper wird,
darum:
Bleib nicht allein mit deiner Lebenssymphonie;
bleib nicht auf einem Ton stehen,
sondern forme daraus eine Melodie;
bleib nicht Zuhörer des Lebens,
sondern erfülle die Welt
mit der Melodie deiner Liebe.
Hab Freude am Leben, an der Musik,
lass im Herzen deine Lebensmelodie erklingen.

Einladung zur Heimkehr

Wenn die Sehnsucht groß wird und das Leben leer,
wenn die Grenzen spürbar und der eingeschlagene
Weg nichts mehr hergibt,
wenn das, was wir haben, nicht mehr ausreicht,
wenn die Seele ausgetrocknet
und der Geist leblos ist,
dann bleibt immer noch die Einladung
des Vaters zur Heimkehr.
Wenn die Einsicht größer ist als das selbst
Gewünschte, das Freiheit versprach,
dann steht der Umkehr nichts mehr im Weg.
Dann erinnert uns das Herz an das, wovon wir uns
losgesagt haben,
dann wird der Weg frei zu dem, der auf unsere
Rückkehr wartet.
Wenn wir nichts mehr haben, was in uns selbst den
Weg verstellt,
dann kann der Barmherzige auf unser Herz
zugreifen und wir werden der Einladung in seine
offenen Arme Folge leisten.

LOBPREIS DER
SCHÖPFUNG

Schon am Morgen halte ich Ausschau nach dir,
um deine Macht und Herrlichkeit zu sehen.
Ja, mein Gott, dich suche ich in meinen Gedanken am Weg,
in den Worten, die zu mir gesprochen werden,
in den Antworten, die ich auf mein Suchen bekomme.
Letztlich ist meine Sehnsucht nicht irgendetwas,
auch nicht nur eine Erfahrung,
sondern ich suche dich, den Menschenfreund, den liebenden Gott.
Ja, ich will dir danken für mein Leben und alles, was ich vermag,
was mich ausmacht und was mir die Freude des Lebens gibt.
Liebender Gott, du hast mir den Atem gegeben
und mich ins Sein gerufen, für dich will ich leben
und dich durch meine Gedanken und mein Unterwegssein preisen.

Gelobt seist du, Herr,
der den Blumen die Farben,
den Blüten den Duft,
der Weite die Unendlichkeit,
der Schönheit die Fülle,
der Vergangenheit die Erfahrung,
der Gegenwart den Augenblick,
der Zukunft die Vision,
der Not die Chance,
der Unendlichkeit die Gegenwart,
der Schuld die Einsicht,
der Herzenshärte die Barmherzigkeit,
dem Vertrauen die Gelassenheit,
der Gottverlassenheit die Sehnsucht,
der Erde die Vergänglichkeit und
dem Himmel seine Gegenwart schenkt.

Der Herr ist mein Hirte

Er führt mich zu den Quellen des Lebens,
er sucht mich in den Wüsten meines Alltags,
er holt mich heraus aus dem Gestrüpp der
Verblendung,
er trägt mich und gibt mir Leben und Glück
in Fülle,
er verzeiht mir meine Irrwege und Sackgassen,
er behütet mich vor der Sünde, die zum Tod führt,
er erwartet mich an den Kreuzungen meines
Lebensweges,
er gibt mir Rast und Kraft, um Kommendes zu
bestehen,
er knüpft meine Kontakte mit Helfern und Boten,
er zeigt mir den nächsten Schritt,
wenn es weitergeht.

Herr, sei gelobt
für die Fülle und Vielfalt der Farben der Schöpfung,
aber auch für das, was sich in und hinter den Farben und Düften versteckt,
und für alles, was unser Leben in seiner Vielfalt ausmacht.

Herr, sei gelobt
für die Vielfalt der Natur und ihrer Buntheit,
aber auch für den Strauch, an dem ich eine einzelne Blüte entdecke.

Herr, sei gelobt
für die Berge und Hügel, die sich vor mir erheben,
aber auch für die Steine am Weg, die mir den Weg schwer machen,
und die Wasserpfützen, die es zu durchqueren gilt,
um ans Ziel zu kommen.

Herr, sei gelobt
für das Auf und Ab in meinem Leben
und das Miteinander mit Menschen, die du mir als Wegbegleiter schickst,
aber auch für die, die mir zur Herausforderung werden.

Gott, angerufen in den Psalmen,
dich preisen wir als Schöpfer aller Dinge.
Du lächelst mich an in der Farbenpracht einer Wiese,
du verschenkst dich in den Blüten der Blume,
du lässt mich staunen über die Pracht einer Au,
du lässt mich die Düfte des Waldes atmen
und des frisch gemähten Grases,
du lädst mich ein, bewusst zu schreiten durch Felder und Wiesen,
du überraschst mich in der Natur, wenn der Morgen anbricht
und Leben sichtbar und bei jedem Schritt erfahrbarer wird.
Dich preise ich in deiner Schöpfung,
auch wenn vieles meinen Augen verborgen bleibt.

Groß und barmherzig ist der Herr,
er gibt meinen Füßen am Morgen neue Kraft,
er schenkt mir Sonne und kühlen Schatten
und lässt mich am Abend einen Platz zum Ruhen finden.
Er lässt meine Augen die Schönheit und Fülle der Natur entdecken
und wendet meinen Blick auf blühende Blumen.
Er lässt mein Herz aufgehen in Dankbarkeit
über alles, was mir am Weg begegnet.
Er schickt mir Menschen, die, von der gleichen Sehnsucht bewegt, aufgebrochen sind,
um unterwegs den Spuren Gottes im eigenen Leben nachzuspüren.

Herr, du führst mich durch grüne Auen,
mein Wissen um dich macht mich froh und zuversichtlich,
und meine Seele ist erfüllt von Dankbarkeit und Freude.
Die Fülle deiner Schöpfung überwältigt mich
und lässt mein Herz jauchzen vor der Schönheit,
die du für mich bereitet hast.

Bäume am Weg

Ja, die Bäume – sie würden gern mit uns gehen,
doch ihre Wurzeln halten sie fest.
Sie würden uns in der prallen Hitze gerne Schatten spenden
und uns Schutz bei Regen und Hagel sein.
Sie würden gern selbst die Stimme erheben,
so müssen sie es den darin wohnenden Vogelscharen überlassen.
Sie würden für uns gern das ganze Jahr blühen,
aber dann könnten sie uns nicht ihre reifen Früchte liefern.
Sie würden gern den Wind einfangen, aber sie beugen sich in die Richtung, die er ihnen vorgibt.
Sie würden gern ihrem Schöpfer ein Loblied singen
für die vielen Jahreszeiten, die sie schon durchschritten haben.
So müssen sie es uns Menschen überlassen,
den Schöpfer zu loben.

Gott, dir gebührt der Lobpreis

Für die Welt und für jeden Menschen
danken wir dir.

Für dein unsichtbares und doch gegenwärtiges Wirken in unserer Welt *danken …*

Für dein Lebendigsein in Menschen und Zeichen
danken …

Für dein Dich-Zurücknehmen und Freiheit-Geben
danken …

Für den Weg zum Leben, den du uns in Jesus gezeigt hast *danken …*

Für dein Gesetz, das du uns Menschen ins Herz gelegt hast *danken …*

Für die Unruhe, die uns weiter suchen und ringen lässt *danken …*

Für die Geduld, mit der du uns aus den Verstrickungen des Lebens befreist *danken …*

Für dein Nachgehen, wenn wir uns im Alltag verlaufen und falsche Wege gehen *danken …*

Für dein Licht, wenn uns das Dunkel der Zeit orientierungslos macht *danken …*

Für die Schöpfung, in der du uns gibst, was wir zum Leben brauchen, wenn wir teilen *danken …*

Für die Gemeinschaft mit allen, die glauben, die uns Kraft und Hoffnung gibt *danken …*

Für den Heiligen Geist, der uns einlädt, jetzt am göttlichen Leben teilzuhaben *danken …*
Für Menschen, denen es ein Anliegen ist, an einer menschenwürdigen Welt zu bauen *danken …*
Für die Kirche als die von dir geführte Gemeinschaft der Glaubenden *danken …*
Für die Verstorbenen, die uns das Geschenk des Glaubens bezeugt haben *danken …*
Für das Vertrauen auf die ewige Gemeinschaft mit dir, das uns in Jesus geschenkt ist *danken …*

AUF DER SUCHE
NACH GOTT

Selig die Suchenden,
die nicht mit sich selbst
und der Welt zufrieden sind
und sich deswegen auf den Weg machen,
um nach dem zu suchen, was dahintersteckt,
und so dem Schöpfer auf die Spur zu kommen;
die sich Zeit nehmen, um das zu erkunden,
was Gott mit ihnen und dieser Welt vorhat.

Lege deine Hand auf mein Leben

Gib nicht auf, wenn ich deine Einladungen
ausschlage.
Trage du mich über den Fluss,
der mich mitreißen will.
Lass mich deine Hand ergreifen,
damit der Alltag mich nicht versinken lässt,
damit ich den Weg zum wahren Leben finde,
damit ich die Echtheit und Wahrheit liebe
und auch andere einlade,
diesen Weg gemeinsam zu gehen,
um miteinander vor dein Angesicht treten.

Gott alles anvertrauen

Sich dem stellen, der für unsere Augen
unauffindbar ist, obwohl er der „Ich bin“ ist.
Sich dem empfehlen, der als liebender Gott die
Antwort auf mein Dasein ist.
Sich dem überlassen, der der Weisheit Urgrund
und Weg ist.
Sich dem anvertrauen, der sich mir als der
Lebendige offenbaren will.
Sich und sein Leben dem überantworten, der mich
als sein Ebenbild geschaffen hat.
Sich dem Du öffnen, das ein Wort und einen Weg
für mich hat.

Unser Dasein in seinem Licht erkennen

Leben, das das Angesicht Gottes sucht.
Geist, der das Ich hinträgt vor das lebendige Du.
Seele, die in ihm ihren Ursprung sucht und findet.
Körper, der mit allen Fasern des Lebens
seinen Schöpfer entdeckt.
Sehnsucht, die dem Weg des Lebens nachspürt.
Weisheit, die immer mehr zur Gewissheit
heranwächst.
Aufbruch, der das Ziel des Betrachtens dem Du
überlässt.
Hingabe, die über sich selbst hinausgeht.
Herz, das sich selbst verschenken möchte.
Anker, der Halt findet bei dem, der die Fülle des
Lebens ist.

Kommt vor sein Angesicht

L 1: Gott ist es,
der uns einlädt, in der Eucharistiefeier bei ihm Gast zu sein,
weil er uns jetzt schon mit dem beschenken will,
was er uns als Erben des Himmels bereitet hat.
L 2: Wir kommen nicht nur für uns selbst,
sondern für die vielen Menschen,
die dieses Geschenk noch nicht wertschätzen und,
im Alltag verstrickt,
den Weg zum vergebenden Vater nicht finden.
Lasst uns stellvertretend für sie
vor sein Angesicht treten und bekennen:
A: *Kyrie eleison.*

L 1: Der liebende Vater ist es, der uns in Jesus begegnet auf dem Weg des Lebens
und uns herausholen will aus aller Verstrickung und Verführung dieser Welt,
aus Schuld, Sünde und Tod, und uns zum Leben in Fülle einladen will.
L 2: Wir treten vor dich hin, der du in dieser Welt gelebt,
die Schuld der Welt auf dich genommen, den Tod überwunden hast und

als Auferstandener zu deinem Vater heimgekehrt bist, um für uns einzutreten.
So stehen wir vor dir für die Vielen,
die selbst den Weg zu dir nicht finden, und bitten dich:
A: *Christe eleison.*

L 1: Jesus ist es, der uns in der Kraft des Heiligen Geistes hineinnimmt
in die Gegenwart göttlichen Lebens,
der uns befreien will vom Geist der Verzagtheit,
der Lüge, aus dem unerfüllten Leben.
L 2: Befreie uns, Heiliger Geist, damit wir fähig werden, die göttliche Liebe anzunehmen.
Wir bekennen uns schuldig für das Unterlassen des Guten und gestehen ein,
dass wir oft nicht Zeugnis geben für das, was uns im Reich Gottes geschenkt ist.
So kommen wir auch stellvertretend für die vielen Menschen,
die dieses lebendige Zeugnis des Glaubens von uns erwartet hätten, und bitten:
A: *Kyrie eleison.*

Blickt auf zum Herrn

Wir laufen oft mit langen Gesichtern herum
und sind mit eigenen Sorgen beschäftigt,
so ist unser Herz verbittert und traurig.
Du willst, dass wir aufschauen
und unseren Blick auf dich richten,
damit du uns Ansehen und Würde
schenken kannst.
Du willst unser Herz mit dem füllen,
was unser Gesicht zum Leuchten bringt.
Du willst unseren Geist beleben und froh machen,
damit wir nicht vom Alltagskram gelähmt werden.
Du willst, dass wir auf dich blicken,
damit du uns das schenken kannst,
was uns zu glücklichen
und strahlenden Menschen macht.
Herr, lass mich deine Einladung annehmen
und mein Innerstes öffnen,
damit du in mein Herz hineinleuchten
und mich froh machen kannst.
Ich vertraue dir, meinem Erlöser,
denn du kannst mir Freude schenken
und mich von innen her verwandeln.

In seine Hände eingeschrieben

Es gibt keinen Menschen, dessen Name
nicht in die Hände Gottes geschrieben wäre.
Es gibt keine Schritte, die Gott nicht mit uns geht,
sie wären leer und verloren.
Es gibt keinen Glauben, den Gott nicht annimmt,
wenn er aus einem frohen und erfüllten Herzen
kommt.
Es gibt keine Hoffnung, die nicht von Gott beseelt
ist, wenn die Grenze auch noch so unüberwindbar
scheint.
Es gibt kein Vertrauen in Gott, den Lebendigen,
dessen Samen nicht irgendwo aufgeht und Frucht
bringt.
Es gibt keine Umkehr, die Gott nicht annimmt,
wenn das Herz die Schritte mitgeht.
Es gibt keinen Neuanfang, den Gott nicht als ersten
Schritt auf dem Weg des Heiles aufgreift.
Es gibt keine Liebe, die auf Gott hin ausgerichtet ist
und nicht Leben weckt und fördert.
Es gibt kein Leben, das von Gott empfangen wurde,
das nicht weitergibt, was im Plan Gottes
von ewigen Zeiten her dazu bestimmt war.
Dank sei dir, unserem Schöpfer!

BITTE UM SCHUTZ, ZUVERSICHT UND SEGEN

Wenn der lebendige Gott
nicht mit uns zieht,
bleibt sein Segen aus
und unsere Schritte
führen uns
ins
abgrundtiefe
Nichts.

Behüte mich, Gott, denn ich vertraue auf dich

Im Leben ist vieles planbar, aber vieles bleibt offen.
Was machbar ist, darf nicht übergangen
und dem Zufall überlassen werden.
Was vorher geklärt werden kann,
braucht Vorbereitung und Planung.
Trotzdem bleibt vieles offen
und muss auf sich genommen werden.
Jeder Mensch, der aufbricht
und sich auf den Weg macht, geht ein Risiko ein.
Die Frage nach dem „Wenn", „Was" und „Wo"
stellt sich erst in der konkreten Situation.
Der Schutz und die Lösung kommen letztlich
von Gott, der uns seine Engel zur Seite stellt.
So gehört zur guten Vorbereitung eines Weges
auch die Bitte um Gottes Segen.
In seinem Namen lasst uns den Weg beginnen.

Gott des Lebens, an dir richte ich mich auf

Wer sonst könnte mich lehren, das Leben zu lieben? *Hilf mir, Gott meines Lebens.*

Wer sonst könnte mir helfen, dem Leben Sinn zu geben? *Hilf mir …*

Wen sonst könnte ich bitten, mir das zu schenken, was mir Leben gibt? *Hilf mir …*

Wo sonst könnte ich Antwort finden auf das, was mir Erfüllung schenkt? *Hilf mir …*

Wenn ich die Quelle suche, aus der mein Dasein entsprang. *Hilf mir …*

Wenn ich das Ziel außer Acht lasse, auf das ich hingeordnet bin. *Hilf mir …*

Wenn ich es versäume, der Mensch zu werden, der ich sein soll. *Hilf mir …*

Wenn ich vor dem davonlaufe, was mir von Ewigkeit her zugedacht ist. *Hilf mir …*

Wenn ich dem nachjage, was mich unglücklich macht. *Hilf mir …*

Wenn ich das aus den Augen verliere, was mir Orientierung geben kann. *Hilf mir …*

Wenn ich mich dem unterwerfe, was mich unfrei und leblos macht. *Hilf mir …*

Wenn ich den Tod fürchte, nicht aber an den Weg glaube, der zum Leben führt. *Hilf mir …*

Begleite mich auf meinem Weg durchs Leben,

dass ich deinen Spuren folge und im Unte…
Jesu Willen erfülle.
Lass mich innehalten, wenn du mir etwas Neues und Wichtiges zeigen willst, um das, was ich mit den Augen sehe, auch mit deiner Weisheit zu betrachten.
Lass mich Ausschau halten nach Menschen, die mein Stehenbleiben brauchen, damit es zu einer Begegnung und einem gegenseitigen Beschenken kommen kann.
Lass mich weitergehen, wenn sich deine Visionen nicht erfüllt haben, weil meine zu vorsichtig und zu kurzsichtig gesteckt waren.
Lass mich erkennen, wenn ich mich zu schnell dem Kreislauf des Schicksals füge und mich zu voreilig von meinen selbst gesetzten Zielen verabschiede.
Lass mich Ausschau halten nach dem, wie du die neue Welt gewollt hast, wie dein Reich bei uns anbrechen kann, und was ich durch mein Leben dazu beitragen kann, dass dein Wille sich erfüllt.
Gott der Lebenden, erfülle deinen Willen an mir und schenke mir heute noch einen neuen Anfang.

Mache mich zum Segen

Gott, der mir im Leben so viel Schönes, aber auch Schweres anvertraut:

Lass mich nicht verblendet sein von der Macht der Mächtigen. *Mache mich zum Segen.*

Lass mich zuerst deinen Willen im Gebet erbitten, bevor ich wichtige Entscheidungen treffe.

Mache mich …

Lass mich auf den Heiligen Geist vertrauen, wenn mir der Durchblick auf Wesentliches fehlt, und lass mich nicht untergehen im Chaos des Undurchschaubaren. *Mache mich …*

Lass mich nicht gelähmt sein von der Ohnmacht, nichts zum Besseren ändern zu können.

Mache mich …

Lass mich nicht verzweifeln, weil mein Plan, die Welt zu bessern, an den Möglichkeiten scheitert.

Mache mich …

Lass mich durchhalten und mich um deine Kraft bitten, wenn es mir schwerfällt, ehrlich zu bleiben.

Mache mich …

Lass mich zu dem stehen, was mein Herz sagt, auch wenn es die Anderen besser zu wissen glauben.

Mache mich …

Lass mich am Ende meiner Kräfte auf deine offenen Arme hoffen und lass mich, wenn alle mich fallen lassen, mich deinen liebenden Händen anvertrauen. *Mache mich …*

Bitten für die Pilger

◆ Dass die Pilger, die in Gottes Namen aufbrechen und sich ihm anvertrauen, mit der Erfahrung am Ziel ankommen, dass sie am Weg gestärkt und in schwierigen Situationen getragen worden sind.

Wir bitten dich, erhöre uns.

◆ Dass die Pilger, die allein aufgebrochen sind, nicht Enttäuschte bleiben, sondern die Erfahrung machen, dass du mit ihnen gehst, ihre Nöte teilst und dich im Brotbrechen zu erkennen gibst.

Wir bitten dich …

◆ Dass die Pilger, die vor dem Ziel aufgeben, in Frieden mit sich selbst leben, weil sie den Aufbruch wagten, wichtige Selbsterfahrungen machten und weiterhin die Sehnsucht des Neu-Wagens in sich tragen.

Wir bitten dich …

◆ Dass die Pilger, die ihren Herzenswunsch, sich auf den Weg zu machen, noch nicht in die Realität umsetzen konnten, von der inneren Sehnsucht nicht losgelassen werden, bis die Zeit reif ist und der neue Tag des Aufbruches kommt.

Wir bitten …

◆ Dass die Pilger, die nach Erreichen des Zieles den Weg zurück in den Alltag nicht finden, durchlässig werden für das Eigentliche, dass sie Pilger bleiben, wenn sie durch ihr Tun den Alltag Anderer ein Stück zum Leuchten bringen.

Wir bitten dich …

Gott, du kennst uns

Gott, du kennst unseren Lebensalltag,
unsere Freude und unsere Leere,
brich in uns die Macht der Verdrängung,
damit wir vertrauen,
dass du immer mit uns bist.
Gott, du durchschaust die Gedanken und Pläne
unseres Herzens,
lass uns auf die innere Stimme hören
und durch die Wahl des besseren Weges
dem Guten eine Chance geben.
Gott, du kennst unsere Wege,
die unvergesslichen Erlebnisse,
aber auch die Sackgassen,
lass uns dankbar und ehrlich zu uns selbst sein
und stärke uns,
wenn es aus eigener Kraft nicht mehr weitergeht.
Gott, du kennst unsere Träume,
unsere Hoffnungen und Ängste,
lass uns diese als Geschenk annehmen
und daraus neue Aufbrüche und Wege ableiten.
Gott, du durchschaust unsere Pläne,
unsere Ziele und die Pfade dorthin,
lass uns diese mit den uns Anvertrauten teilen
und deinem Plan der Liebe zu uns Raum geben.

Segne mich auf dem Weg der Gerechtigkeit,
auf dem Weg der Erkenntnis und der Wahrheit,
Heiliger Geist, segne mich.
Auf dem Weg zu innerer Weisheit und Demut,
Heiliger Geist …
Auf dem Weg des gemeinsamen Suchens nach Sinn,
Heiliger Geist …
Auf dem Weg des Friedenstiftens,
Heiliger Geist …
Auf dem Weg des noch nicht sichtbaren Zieles.
Heiliger Geist …

Führe du mich weiter,
wenn mich die körperlichen Kräfte verlassen,
Heiliger Geist, führe mich.
Wenn der Verstand mir sagt, es ist aussichtslos,
Heiliger Geist …
Wenn ich nur die Leistung, nicht aber die Liebe gesucht habe,
Heiliger Geist …
Wenn mir die göttliche Gegenwart verborgen bleibt,
Heiliger Geist …
Wenn ich feststellen muss, dass ich mein Ziel nicht erreiche,
Heiliger Geist …
Wenn ich nur dem Eigeninteresse nacheifere,
Heiliger Geist …
Wenn ich andere zurückgelassen habe,
Heiliger Geist …
Wenn ich glaube, schon am Ziel angekommen zu sein.
Heiliger Geist …

Im Namen und in der Kraft Gottes
erbitte ich von Gott, dem Urquell des Lebens,
Segen für dich, dass du dich geborgen fühlst
in seiner liebenden Gegenwart;
erbitte ich von Gott, dem Grund allen Seins,
die Fülle eines sinntragenden Daseins;
erbitte ich von Gott, dem Spender alles Guten,
das Vertrauen auf ein geglücktes Leben;
erbitte ich von Gott, dem Ausgangspunkt aller
Hoffnung,
einen Lichtblick auf das, was er uns bereithält;
erbitte ich von Gott, dem Maßstab aller Liebe,
einen Funken, der dein Herz erfüllt und belebt;
erbitte ich von Gott, dem Schöpfer allen Seins,
dass er dich zu demjenigen reifen lässt,
der von ihm ins Leben gerufen wurde.

Lass uns dir vertrauen,
wenn unsere Kräfte versiegen und unsere
Hoffnungen sich nicht erfüllen.
Lass uns auf dich hoffen, wenn wir alles uns
Mögliche unternommen haben
und nur du allein die Tür bist, die weiterführt.
Lass uns auf dich bauen, wenn unser Grund
nicht mehr trägt
und alles einzustürzen droht.
Lass uns auf Jesus schauen, der uns den Weg zeigt,
wie die Welt in Gerechtigkeit und Freiheit
für alle Menschen zu einem lebenswerten Ort
werden kann.
Lass uns neu auf dich, Gott, schauen und
vertrauen.

Gott, schenke mir Weisheit,
damit ich mit meinen Kräften richtig haushalte
und dann noch weitergehen kann, wenn der Weg
bergauf geht.
Gott, schenke mir Weisheit,
damit ich das zurücklassen kann,
was nicht wesentlich ist, und die Kräfte bündle,
die ich brauche, um die nächste Herausforderung
gut meistern zu können.
Gott, schenke mir Hoffnung und Vertrauen,
dass ich weiterhin getragen werde, wie es auch
bisher geschah.
Gott, schenke mir die Weisheit, die bei dir wohnt,
damit ich meine Kräfte nachhaltig einsetze,
um dem wahren Leben Raum zu geben
und der Liebe Platz zu machen.

Jesus segnet

Jesus,
du hast die Kinder in die Arme genommen
und gesegnet,
lass uns vor dir klein sein, damit du uns in deine
Arme schließen kannst.
Jesus,
du hast den Sohn der Witwe von Naim
wieder zum Leben erweckt,
lass uns dir begegnen, wenn wir unser Liebstes,
für das es sich zu leben lohnt, zu Grabe tragen.
Jesus,
du hast Zachäus in der Baumkrone entdeckt
und ihn aufgefordert,
dir einen Platz in seinem Haus zu geben,
lass auch uns immer nach dir Ausschau halten,
damit auch wir deinen Aufruf zum Herabsteigen
nicht überhören.
Jesus,
du hast die Jünger bei deiner Himmelfahrt
gesegnet,
lass auch uns in der Gewissheit deiner Gegenwart leben,
dich vor den Menschen bezeugen und zum Segen
für Andere, ja für die ganze Welt zu werden.

Behüte mich, Gott,
denn ich vertraue auf dich

Er, der mich bisher geführt hat,
ihm will ich meinen weiteren Weg anvertrauen.
Er, der mich getragen hat,
wenn meine Füße im Morast versunken sind,
ihm will ich glauben und an ihn meine Hoffnung knüpfen.
Er, der mich immer wieder gesucht hat,
wenn ich die Pfade des Lebens verlassen habe,
ihn will ich preisen für seine Barmherzigkeit und Treue.
Er, der mich von dem ewigen Tod retten kann,
ihn will ich bitten, mich zu tragen auf die
andere Seite des Lebens in Gemeinschaft mit ihm.
Er, der mich durch den Heiligen Geist jetzt
schon teilnehmen lässt an der göttlichen Liebe,
ihm will ich meine Wege anvertrauen und ihn
bitten, dass er mich vom Tod zum Leben führt.

deuter

IN DER GEMEINSCHAFT

Engel am Weg des Lebens

Sie gehen mit uns, wenn wir den Weg suchen.
Sie sitzen in unserem Kreis,
wenn wir den Fragen des Lebens nachgehen.
Sie leiten uns an, in uns hineinzuhören,
damit die Antwort ins Herz fallen kann.
Sie verbergen sich hinter steinernen Zeugen,
sprechen zu uns durch blühende Sträucher
und erfrischen uns durch sprudelnde Quellen und rauschende Bäche.
Sie tauchen aus der finsteren Nacht auf und geben uns sicheres Geleit,
sie rufen uns in Erinnerung, wofür wir im Leben berufen sind.
Ja, die Boten Gottes sind immer unterwegs – am Weg triffst du sie.

Menschen mit hörenden Herzen

Du suchst unter uns Menschen mit einem
hörenden Herzen, damit deine Worte
Aufnahme finden, um Frucht zu bringen.
Du suchst unter uns Menschen, die ihre Hände
nach dir ausstrecken, weil sie vertrauen, dass du sie
füllst und dich selbst schenken willst.
Du berufst unter uns Menschen, die Gemeinschaft
suchen mit den Menschen und mit dir, weil sie
daran glauben, dass du ihnen die Kraft gibst,
gemeinsam die Herausforderungen zu meistern.
Du suchst unter uns Menschen, die bereit sind,
den Weg der Liebe zu gehen,
obwohl sie wie Jesus wissen,
dass dieser den leiblichen Tod zur Folge hat.

Gott gemeinsam loben

Du hast uns zwar einzeln erschaffen,
aber zur Gemeinschaft berufen.
Schenke uns Gemeinschaft mit dir.

Du hast jeden von uns in dein Licht hineingestellt, aber auch jedem etwas mitgegeben, was der Andere braucht.
Schenke uns …

Du hast jedem Menschen die Freiheit gegeben, seinen Weg zu gehen, aber uns das gemeinsame Ziel der Rettung ins Herz gelegt.
Schenke uns …

Du lässt jeden Menschen seinen eigenen Weg gehen, aber in den Begegnungen schenkst du uns Orientierung und Leben.
Schenke uns …

Du hast jedem Menschen seine Berufung mitgegeben, aber du willst, dass die Herausforderungen gemeinsam gelöst werden.
Schenke uns …

Du hast jedem Menschen seine eigene Stimme gegeben, aber du willst, dass wir dich gemeinsam preisen.
Schenke uns …

Du hast jedem von uns Kraft zum Handeln gegeben, aber die Welt können wir nur gemeinsam lebenswerter machen.

Schenke uns …

Du hast uns unterschiedliche Begabungen mitgegeben, aber du willst, dass wir sie füreinander entfalten und einsetzen.

Schenke uns …

Du hast jeden von uns beim Namen gerufen, aber in den Chor des Glücks und ewigen Lebens können wir nur einstimmen, wenn wir deine Melodie im Herzen aufnehmen und schon auf Erden das Lied der Göttlichkeit einüben.

Schenke uns …

Freund, was macht dein Leben lebenswert?
Erzähl mir von dem, was dich hält,
das dich nicht verzweifeln lässt, den richtigen Weg
zu suchen.
Zeige mir den Grund deines tiefen Vertrauens
und die Quelle deiner Kraft.
Teile mit mir die Erfahrung von deinem Weg in die
Tiefe,
damit ich meinen Weg zu gehen wage,
den Grund finde und die Quelle
und Vertrauen schöpfe aus dem, dem du vertraust.
Rede mit mir im Vertrauen auf die Gegenwart
Gottes,
damit er lebendig wird in uns und zwischen uns.

Singt dem Herrn ein neues Lied

Mein dankbares Herz sucht immer nach neuen
Wegen,
um das, was sich nicht in Worte fassen lässt,
in einer Melodie zum Lobpreis werden zu lassen.
Abgesungene Melodien brauchen ein Herz,
in dem die neue Melodie erklingen kann.
Auf der Tonleiter der täglichen Erfahrung,
aufgesetzt und eingefasst in Freude,
soll mein neues Lied geformt werden.
Gesammelt in allen Fasern meines Seins
und erfüllt mit dem Geist der Dankbarkeit
erwächst eine Lebensmelodie,
die meine Seele im Alltag zum Klingen bringt.
In Stille und dem tiefen Vertrauen
auf deine Gegenwart kann das,
was du mir ins Herz gelegt hast, zur Melodie
der Liebe, die die Welt am Leben hält, werden.

MIT MARIA AUF DEM WEG

Maria, von Gott Erwählte

Maria, du bist von Gott auserwählt,
um zu bezeugen,
dass er uns Menschen für die Erfüllung seines Heilswerkes in der Welt braucht.
Du lädst uns ein, für Gottes Stimme hellhörig zu sein und Ja zu sagen,
wenn er seinen Plan der Liebe
durch und mit uns verwirklichen möchte.
Du bietest dich uns als Begleiterin an, wenn wir bereit sind,
ein lebendiges Werkzeug bei der Umsetzung seines Heilshandelns zu sein.
In dir als von Gott Erwählte erkennen wir,
dass jeder getaufte Christ berufen ist,
dem göttlichen Leben in dieser Welt Raum zu geben,
und so zum Heil der Menschen beitragen kann.
Du willst uns zeigen, wie wir durch unser Ja
am Aufbau seines Reiches mitwirken können.

Beten mit Maria

„Ja, dein Wille geschehe."
Hoffen mit Maria:
„Mir geschehe, wie du gesagt hast."
Glauben mit Maria:
„Was er euch sagt, das tut."
Erkennen mit Maria:
„Kind, warum hast du uns das angetan?"
Annehmen wie Maria:
„Mutter, sieh da, deinen Sohn."
Vertrauen wie Maria:
„Siehe, ich bin die Magd des Herrn."
Leiden wie Maria:
„Ein Schwert wird deine Seele durchdringen."
Neu geboren werden wie Maria:
„Meine Augen haben das Heil gesehen."
Bekennen wie Maria:
„Mein Geist jubelt über Gott, meinen Retter."

Maria, unsere Wegbegleiterin

Im Hören auf Gottes Anruf
sei du mit uns.

Im Ja-Sagen zum Plan *sei du …*

Im Suchen einer Herberge für Gott in den Herzen der Menschen *sei du …*

Im Akzeptieren der Abweisung seines Kommens in unsere Welt *sei du …*

Im Annehmen der Armut, in die Jesus für uns hinabgestiegen ist *sei du …*

Im Aufbrechen und Flüchten vor den Machthabern der Welt *sei du …*

Im Verständnis, dass Jesus dort sein muss, wohin ihn der Vater ruft *sei du …*

Im Erkennen des Willens Gottes *sei du …*

Im Nachfolgen Jesu, wenn auch unser Weg ein Kreuzweg wird *sei du …*

Im Beistehen, wenn auch wir unter dem Kreuz stehen *sei du …*

Im Annehmen des Willens Gottes, wenn wir um Verstorbene trauern *sei du …*

Im Gebet um die Sendung des Heiligen Geistes
sei du …

Maria, unsere Fürsprecherin

In den Anrufungen um Fürsprache bei Gott
hilf uns, Maria.

In der Vermittlung von Heil und Segen
hilf uns …

In der Erkenntnis des Willens Gottes für unser Leben *hilf uns …*

In der Bitte um den Beistand für die im Glauben Verfolgten *hilf uns …*

Im Vertrauen der Erfüllung der Verheißungen Gottes *hilf uns …*

In der Zuversicht des Glaubens an die göttliche Gegenwart auf Erden *hilf uns …*

In der Hoffnung, dass alle Menschen durch Gott Rettung und Heil erfahren *hilf uns …*

In der Liebe, dass sie die Erfüllung des Lebens finden *hilf uns …*

Maria,
du Grund unseres Vertrauens,
dass Gott für seinen Heilsplan
jeden von uns berufen kann.
Maria,
du Grund unseres Glaubens,
dass Gott unser „Ja“ braucht,
um seinen Heilsplan heute erfüllen zu können.
Maria,
du Grund unserer Hoffnung,
dass Gottes Barmherzigkeit durch unsere
Mitwirkung
allen Menschen ewiges Leben schenken will.
Maria,
du Grund unserer Weisheit,
die die Macht der Menschen nicht absolut setzt,
sondern die Verlierer zu Gewinnern des Lebens
macht.
Maria,
du Grund unserer Freude,
dass Gott an das Gute im Menschen glaubt
und darauf baut,
dass nach unserer Umkehr die Freude ins Herz
einzieht.

Maria,
du Grund unseres apostolischen Einsatzes,
dass Gott unsere liebende Hingabe für das Leben
anderer mit Kraft und Segen ausstattet.
Maria,
du Grund unserer Liebe,
die uns zuversichtlich macht,
dass nicht der Tod, sondern das Leben
das letzte Wort hat.

Mit dir, Maria, am Weg zum Wallfahrtsort
besinnen wir uns deiner Erwählung als Magd des Herrn;
danken wir dir für dein Ja, das du Gott ohne Bedingungen gegeben hast;
bedenken wir deine Offenheit für Gottes Wort und dein Vertrauen;
halten wir unser Herz offen für die Fügungen Gottes in unserem Leben;
bringen wir dir unsere Bitten und Sorgen des Lebens;
übergeben wir dir unsere Begrenztheit im Einsatz für das Gute;
bekennen wir unsere Orientierungslosigkeit im Umgang mit göttlichen Werten;
bitten wir dich um Fürsprache bei deinem Sohn für unser Versagen und unsere Schuld;
bekennen wir unsere Gleichgültigkeit gegenüber menschlicher Not;
bringen wir dir unsere Hilflosigkeit im Einsatz für Gerechtigkeit und Frieden;
überlassen wir unsere Gebrechlichkeit in der Erfahrung von Krankheit;
bitten wir um die Überwindung der Schwerfälligkeit in der Abhilfe von Not;

singen wir dir unsere Danklieder für dein Vorbild
im Glauben;
singen wir dir unsere Bittlieder, weil wir deiner
Fürsprache vertrauen;
singen wir dir unsere Freudenlieder, weil du
die Mutter der Kirche bist,
unser Erdenleben kennst und für unser Heil
bei Gott eintrittst. Amen.

Maria, du warst bereit,
dein Ja zur Menschwerdung Gottes zu sagen.
Bereit, auf eigene Lebenspläne zu verzichten,
um Gottes Kommen in diese Welt zu ermöglichen.
Bereit, die Flucht aus der Heimat anzunehmen,
um göttliches Leben zu schützen.
Bereit, Angst und Verlust zu durchleben,
damit Jesus dort sein kann, wo Gott ihn haben will.
Bereit, dich rügen zu lassen, weil die Zeit für sein
Handeln noch nicht da war.
Bereit, das Wohl der Familie zurückzustellen,
um die Liebe Gottes in Wort und Tat zu bezeugen.
Bereit, Jesus frei zu lassen, um nach dem Willen
seines Vaters nach Golgota zu gehen.
Bereit, den leblosen Körpers deines Sohnes
zu umarmen, um Gott das zurückzugeben,
was er dir anvertraute.

Als Magd des Herrn …

… hast du, Maria, dein Ja gesagt, als Gott seinen Engel als Boten zu dir sandte.
… hast du dich, Mutter Jesu und Dienerin des lebendigen Gottes, erwiesen.
… hast du deine Freude mit Elisabeth geteilt, die erfüllt war vom Heiligen Geist.
… hast du die Armut des Abgewiesen-Werdens vor der Geburt Jesu erlebt.
… hast du dem Messias den schon in den Schriften angekündigten Namen Jesus gegeben.
… hast du Jesus in seinem Leben alles mitgegeben, was die Erfüllung des Willens Gottes möglich machte.
… hast du deinen Sohn am Kreuz seinem Vater zurückgegeben, damit er das Heilswerk vollenden konnte.
… hast du der Kirche den Auferstandenen geschenkt, damit Gottes Reich auf Erden komme und auf deine Fürsprache durch uns heute verwirklicht werden kann.

Maria, die Pilgerin

Maria,

du hast als Schwangere den Weg zu deiner Cousine Elisabeth nicht gescheut
und bist mit dem Gruß und der Gewissheit göttlicher Einwohnung gesegnet worden.

Maria,

du hast auf der Suche nach einer Unterkunft für die Geburt deines Sohnes trotz Abweisung einen Ort gefunden, um den Erlöser der Welt zu gebären.

Maria,

du hast wegen der Willkür eines Machthabers die Flucht nach Ägypten auf dich genommen, um das Leben Jesu zu schützen und zu erhalten.

Maria,

du hast beim Opfergang nach Jerusalem ertragen müssen, dass Jesus, dein Sohn, eigene Wege geht und sich dort finden lässt, wo Gott, sein Vater, ihn haben will.

Maria,

du hast Jesus gesucht in der Zeit seines öffentlichen Wirkens in Nazaret und hast hören müssen, dass jeder Mensch, der den Willen des Vaters erfüllt, sein Bruder, seine Schwester ist.

Maria,
du bist Jesus am Kreuzweg begegnet, hast sein Leid mit ihm geteilt und auch noch unter dem Kreuz treu zu ihm gestanden.
Maria,
du warst bei den Jüngern, als Jesus zu seinem Vater aufgenommen wurde und als der Heilige Geist nach dem Gebet seine Jünger in Verzückung setzte.
Maria,
du begleitest auch unseren Weg zu Jesus und lädst uns ein: „Alles, was er euch sagt, das tut“.

Maria, du bist in Nazaret aufgewachsen
und hast durch deine Eltern das Vertrauen
in Gott erfahren.
Gott wollte deine Bereitschaft, ihm ganz zu dienen,
um Jesus durch dich der Welt zu schenken.
Dein Ja zum Boten Gabriel ließ deinen Sohn
auf dieser Welt Mensch werden.
Dein Ja zum göttlichen Plan der Menschwerdung
in Jesus bot dem göttlichen Erlöser ein
menschliches Dasein.
So konnte Gott seine fleischgewordene Liebe
hineinweben in unsere Weltgeschichte
und uns erlösen von Sünde und Tod.
Maria, die du uns vorausgegangen bist
in die ewige Gemeinschaft mit Gott dem Vater,
teile mit uns die Liebe, die dich mit Jesus deinem
Sohn verband,
und lass uns im Heiligen Geist hineingeboren
werden in die göttliche Gemeinschaft
des ewigen Lebens.

Maria, die uns in Jesus …

… die Tiefe der Liebe Gottes zu uns erahnen lässt;

… den Reichtum seiner heilschenkenden Gnade bewusst machen will;

… die Weite seiner Barmherzigkeit kundtut;

… die Freude der Umkehr des Sünders erfahren lassen will;

… die Echtheit der Sehnsucht Gottes nach unserer Erlösung garantiert;

… die Gegenwart seines Handelns heute spüren lässt und die Lebendigkeit seiner Fürsorge für ein erfülltes Leben zeigt.

ANKUNFT

Dem Ziel entgegen

Wenn die Füße ihren Rhythmus gefunden haben
und das Ziel in spürbare Nähe rückt;
wenn der Geist in freudiger Motivation
sich nach dem ausstreckt, was dort auf uns wartet;
wenn uns das mit Hoffnung beseelt,
was es an Zugewinn geben wird;
wenn die Angst vor dem, was es am Weg
noch zu überwinden gilt, der Zuversicht weicht;
wenn das, was wir bereits erreicht haben,
ermutigt, das gesteckte Ziel nicht aufzugeben,
dann verbinden sich die Steine am Weg zu Brücken
und im Herzen entfalten sich Freude und Glück
über das ersehnte, geschenkte und erreichte Ziel.

Am Abend versinkt die Sonne am Horizont

Und was kann ich dir, meinem Schöpfer
und Erlöser, zurückgeben für alles,
was du mir heute geschenkt hast?
Es sind leere Hände,
mit denen ich vor dir stehe,
aber ein erfülltes Herz,
das dankbar dir Lob singen will.
Was es auch war, das mich antrieb,
was ich heute erleben durfte,
es kam aus deiner Hand
und war gefüllt mit deinem Segen.
Es wurde mir geschenkt
als Zeichen deiner Liebe und als
Wirken deiner Barmherzigkeit.
Was ich daraus gemacht habe
und mit welcher Kraft
ich deinen Schöpferwillen erfüllt habe,
wird offenbar werden,
wenn die Früchte reif sind
und du zur Ernte einlädst.
Bis dahin darf ich dir diesen heutigen Tag
überlassen.
Nimm du ihn in deine Liebe hinein
und beschütze mich in dieser Nacht. Amen.

Abendlob

Ein Tag mit vielen Eindrücken
und neuen Erfahrungen geht zu Ende.
Vieles wurde mir im Laufe des Tages geschenkt
und unerwartete Begegnungen wurden mir zuteil.
Es war ein Geben und ein Nehmen,
ein Näherkommen und Loslassen,
ein Gehen und ein Getragensein.
So lege ich diesen Tag zurück in deine Hände,
Herr, im Vertrauen,
dass auch die Zeit der Nachtruhe zum Segen für
mich und die mir anvertrauten Menschen werde.
Dank sei dir, o Herr, für diesen Tag!

Erschöpft von den Anstrengungen des Weges

lasse ich mich in deine Hände fallen,
sinke ich ins Bett, um meinen Füßen Erholung zu gönnen.
Dankbar erhebt sich mein Geist,
um das zu vergegenwärtigen, was ich am Pilgerweg erleben und einatmen durfte.
Voll Freude blicke ich zurück
auf die Vielfalt der Natur.
Ich erinnere mich an die Begegnungen am Weg,
die flüchtigen Blicke und jene, die sich in mein Herz eingegraben haben.
Es war ein erfüllter Tag,
der uns dem Ziel näherbrachte,
aber auch ein Tag, der mein Herz offengehalten hat.
Danke für die Früchte des Tages – Gott hat mich reich gemacht!

Am Ende des Pilgertages

Am Ende des Pilgertages wird mir bewusst,
was ich dir, meinem Schöpfer verdanke:
Es war ein Tag, der angereichert war mit Begebenheiten, die mich dankbar machten für das Leben und für alles, was zu einem erfüllten Dasein gehört.
Es war eine Zeit, die ausgefüllt war mit Begegnungen, in denen ich mich gestärkt erlebte und von deiner Vorsehung und deinen Segnungen getragen wusste.
Es war ein Weg, der mich dem Ziel ein Stück näherbrachte, aber auch mich zu mir selbst führte, so dass ich mich besser kennen lernte.
Es war ein Entdecken der Grenzen meiner körperlichen Kräfte, ein Fragen danach, warum ich etwas tue, ein Ringen mit mir selbst und meinen Bedürfnissen.
Es war ein Suchen nach Antworten, nach dem Sinn des Daseins und der Berufung, die ein lebenswertes Leben ausmacht.
Es war ein Betrachten und Abwägen der Gründe, die meine Entscheidungen, diesen Weg zu gehen, ausmachten und mich mit Zuversicht stärkten.
Es war ein Tag, für den ich dir, Gott, meinem Schöpfer, danken möchte, weil du mich auf diesem Weg

begleitest und ich in vielen Zeichen und Erfahrungen deine liebende Zuwendung erkennen und annehmen durfte.

Danke!

Für den Blick auf die Schönheit und Vielfalt der Natur. *Dank sei dir, o Herr.*

Für die Begegnung mit der Vielzahl von Lebewesen. *Dank sei dir …*

Für das Staunen über die Buntheit und Verschiedenheit der Blumen. *Dank sei dir …*

Für die Freude über den Ausblick in das weite Land. *Dank sei dir …*

Für das Erholen nach einer anstrengenden Etappe. *Dank sei dir …*

Für das Nachklingen einer überraschenden Begegnung. *Dank sei dir …*

Für das Nachsinnen über das bisher Erreichte. *Dank sei dir …*

Für die Erfahrung des Getragenseins in schwierigen Situationen. *Dank sei dir …*

Für den Einblick in bisher Verborgenes. *Dank sei dir …*

Für das erleichternde und klärende Wort des Wegbegleiters. *Dank sei dir …*

Für den einleuchtenden Gedanken im Ringen um eine Antwort. *Dank sei dir …*

Für die Sicherheit, den richtigen Wegzeichen zu folgen. *Dank sei dir …*

Für die Erfahrung, verstanden und angenommen zu sein. *Dank sei dir …*
Für das Weiterziehen der bedrohlichen Wolken und des Regens. *Dank sei dir …*
Für das plötzliche Auftauchen der Umrisse des Zieles. *Dank sei dir …*
Für die persönliche Einsicht, diesen Weg weitergehen zu wollen. *Dank sei dir …*
Für die Bestätigung, den Weg des Lebens zu gehen. *Dank sei dir …*
Danke, du hast uns am Pilgerweg reichlich beschenkt!

Ankommen beim heiligen Jakobus

Jetzt will er umarmt werden, von den Pilgern,
die von weit her kommen,
will deine Hand auf seiner Schulter haben,
will dich ablegen sehen, was du erlebt und
mitgebracht hast,
will dir abnehmen alle Last, die dich bedrückt,
will, dass du ihm ins Ohr flüsterst, was du noch
niemand anvertrauen konntest.
Er wartet auf deine ausgestreckte Hand,
auf das Aussprechen deiner Wünsche und Bitten.
Aber er begnügt sich auch mit deinem Schweigen,
wenn dein Herz keine Worte findet.
Ein paar Stufen braucht es,
um Jakob über dem Altar der Basilika zu begegnen,
ihm zu sagen, was dich bewegt,
auch wenn du gleich weitergehen musst,
weil hinter dir viele auf diesen Augenblick
mit ihm warten.
Er steht stellvertretend für den,
der sich in ihm dir zuwenden will.
Wer Jakobus berührt – dem öffnet sich das Herz
Gottes – gleich über dem Altar.

Ankunft

Nicht festhalten, sondern erfüllen;
nicht nachtrauern, sondern neuen Boden suchen;
nicht zurückschauen, sondern die Zukunft gestalten;
nicht dem Gestern den Platz reservieren,
sondern den Augenblick auskosten;
nicht dem Verlorenen nachweinen,
sondern das Herz für Neues offen halten;
nicht sich am Glück des Vergangenen festklammern,
sondern frei sein für Größeres.

Zum Autor

Franz Ferstl, Jahrgang 1946, hat den Jakobsweg von Wien nach Santiago de Compostela gemeinsam mit einer Männergruppe jedes Jahr in Etappen „erwandert". Dieser zwölfjährigen Weggemeinschaft, in der miteinander gebetet, gesungen, meditiert sowie Lebens- und Glaubenserfahrungen im Gehen ausgetauscht wurden, entstammen die Texte dieses Buches. Der Autor ist geistlicher Begleiter und als Ständiger Diakon in der Erzdiözese Wien tätig.